我要有同理心

新雅文化事業有限公司
www.sunya.com.hk

小跳豆
幼兒好行為情境故事系列
跟着跳跳豆和糖糖豆一起培養好行為！

培養孩子的各種生活技能和好成績，固然重要，但也不要忽略品格培育。其實一個人成功與否，與他的品格好壞有莫大的關係。

《小跳豆幼兒好行為情境故事系列》共 6 冊，針對 3-7 歲孩子常犯的毛病或需要關注的地方，分為六個不同的範疇，包括做個好孩子、做個好學生、做個好公民、注意安全、有禮貌和有同理心，透過跳跳豆、糖糖豆以及一眾豆豆好友的經歷，教導孩子在不同的處境中，學習正確的態度和行為，並引入選擇題的方式，鼓勵孩子判斷什麼是正確，什麼是不正確。

書末設有「親子説一説」和「教養小貼士」的欄目，給家長一些小提示和教育孩子的方向，幫助家長在跟孩子進行親子閱讀時，一起討論他們所選擇的結果，讓孩子明白箇中道理。「我的好行為」的欄目，讓孩子檢視自己有什麼好行為，鼓勵孩子自省並保持良好行為，長大後成為一個守規矩、負責任、有禮貌、能獨立思考、真正成功的人。

新雅・點讀樂園 升級功能

以互動方式提升孩子的判斷力，養成好行為！

本系列屬「新雅點讀樂園」產品之一，若配備新雅點讀筆，爸媽和孩子可以使用全書的點讀功能，孩子可以先點選情境故事的內容，聆聽什麼是正確的行為，然後判斷該怎樣做，選出合適的答案。透過互動遊戲的方式，讓孩子邊聽邊學邊玩，同時提升孩子的判斷力，養成良好的行為。

「新雅點讀樂園」產品包括語文學習類、親子故事和知識類等圖書，種類豐富，旨在透過聲音和互動功能帶動孩子學習，提升他們的學習動機與趣味！

想了解更多新雅的點讀產品，請瀏覽新雅網頁(www.sunya.com.hk)或掃描右邊的QR code進入 新雅・點讀樂園 。

如何使用新雅點讀筆閱讀故事？

1. 下載本故事系列的點讀筆檔案

1 瀏覽新雅網頁(www.sunya.com.hk) 或掃描右邊的QR code 進入 新雅‧點讀樂園 。

2 點選 下載點讀筆檔案 ▶ 。

3 依照下載區的步驟說明，點選及下載《小跳豆幼兒好行為情境故事系列》的點讀筆檔案至電腦，並複製至新雅點讀筆的「BOOKS」資料夾內。

2. 啟動點讀功能

開啟點讀筆後，請點選封面右上角的 新雅‧點讀樂園 圖示，然後便可翻開書本，點選書本上的故事文字或圖畫，點讀筆便會播放相應的內容。

3. 選擇語言

如想切換播放語言，請點選內頁右上角的 圖示，當再次點選內頁時，點讀筆便會使用所選的語言播放點選的內容。

如何運用點讀筆進行互動學習

點選語言圖示，可切換至粵語、口語或普通話

點選圖中的角色，可聆聽對白

玩輸了遊戲不可以發脾氣

有的小朋友在遊戲中輸了，就會發脾氣，這是非常不對的行為。因為這樣做會干擾別人玩遊戲，以後再也沒有人喜歡跟你玩了。試想想，當別人在遊戲中輸了，卻向你發脾氣，你會有什麼感受呢？

假日裏，小紅豆來探望跳跳豆和糖糖豆。大家一起玩飛行棋，跳跳豆很想贏，可是最後卻是小紅豆勝出了！接下來，你認為跳跳豆和糖糖豆，誰做得正確呢？

15

1 先點選情境文字的頁面，聆聽什麼是正確的行為和理解所發生的事情

2 翻至下一頁，你可先點選頁面，聆聽選擇A和選擇B的內容

小朋友，請你聆聽以下選項，然後在右頁選出正確答案：

選擇 A

跳跳豆大發脾氣，說：「我怎麼會輸的！我不玩了！」然後繼續大吵大鬧。

16

我的選擇是：Ⓐ Ⓑ

選擇 B

糖糖豆拍拍手，興奮地說：「這次是小紅豆勝出呢！我們再玩一次！」

17

3 最後作出你的選擇！點選Ⓐ或Ⓑ，然後聽一聽你是否選對了

每冊書末同時設有「親子說一說」欄目，給家長一些小提示，讓家長在跟孩子進行親子閱讀時，也能一起討論他們所選擇的結果啊！

見到別人跌倒時應上前扶起他

　　看見別人跌倒時，我們應該立刻上前把他扶起來，而不是站在一旁嘲笑或漠不關心。尤其是見到老人、小孩或身體有缺陷的殘障人士，我們更應該關心他們，協助他們。

　　今天放學的時候，跳跳豆在課室外看見力力豆不小心摔倒在地上。接下來，跳跳豆該怎樣做才是正確的呢？

選擇 A

　　跳跳豆立刻走上前扶起力力豆，還問候他：「你沒事吧？」

選擇 B

　　跳跳豆站在一旁，取笑力力豆，說：
「你真是笨手笨腳呀！」說完還哈哈大笑
起來。

不要發出太吵鬧的聲音

　　小朋友在公眾場所，例如餐廳、百貨公司或公共汽車上，都不應該發出吵鬧的聲音，以免影響別人。就算是在自己的家裏玩遊戲，也應該注意音量，才不會騷擾鄰居，或對家人造成影響。

　　星期天，跳跳豆和糖糖豆在家裏看電視，那個電視節目真好看！跳跳豆說：「讓我把音量調高，那樣就聽得更清楚了！」接下來，糖糖豆該怎樣做才是正確的呢？

選擇 A

　　糖糖豆也想把音量調高，還跟跳跳豆一起，一邊跳舞，一邊大聲唱歌。

選擇 B

　　糖糖豆對跳跳豆說：「我們不能太吵鬧，這樣會影響到別人的。」

玩輸了遊戲不可以發脾氣

　　有的小朋友在遊戲中輸了，就會發脾氣，這是非常不對的行為。因為這樣做會干擾別人玩遊戲，以後再也沒有人喜歡跟你玩了。試想想，當別人在遊戲中輸了，卻向你發脾氣，你會有什麼感受呢？

　　假日裏，小紅豆來探望跳跳豆和糖糖豆。大家一起玩飛行棋，跳跳豆很想贏，可是最後卻是小紅豆勝出了！接下來，你認為跳跳豆和糖糖豆，誰做得正確呢？

選擇 A

　　跳跳豆大發脾氣，說：「我怎麼會輸的！我不玩了！」然後繼續大吵大鬧。

選擇 B

　　糖糖豆拍拍手，興奮地說：「這次是小紅豆勝出呢！我們再玩一次！」

17

不要取笑別人

　　有的小朋友會因為別人的樣貌或特徵而取笑別人，或不跟他們做朋友，這是很不對的。試想想，如果你被人取笑，會有什麼感受呢？我們交朋友不應該以貌取人，更要與朋友好好地相處。

　　今天，茄子老師幫豆豆們量度身高。哈哈豆知道自己長得不高，在量度身高時不斷踮腳，盡力把身體往上伸展。這時，被跳跳豆察覺了。接下來，跳跳豆該怎樣做才是正確的呢？

選擇 A

　　跳跳豆鼓勵哈哈豆，說：「哈哈豆，只要你多吃有營養的食物，將來一定會長得高！」

選擇 B

　　跳跳豆取笑哈哈豆，説：「哈哈哈，你長得真矮小！」還邊説邊拍着哈哈豆的頭。

不要霸佔或弄髒座位

　　無論是在公共交通工具上或其他公眾場所，如圖書館的閱讀區、公園的休憩區等，小朋友都不應該用自己的物品霸佔座位，或是站在座位上跳，因為這是非常自私的行為啊！

　　今天放學後，糖糖豆到圖書館看書。閱讀區的座位像一朵朵小蘑菇，真有趣！糖糖豆想獨自在這小天地裏看書。這時，其他的小朋友來到，他們也想坐坐「小蘑菇」。接下來，糖糖豆該怎樣做才是正確的呢？

小朋友，請你閱讀以下選項，然後在右頁選出正確答案：

選擇 A

糖糖豆知道不應該霸佔座位，於是選好了一個位置坐好，和其他小朋友一起靜靜地看圖書。

選擇 B

　　糖糖豆說：「是我先來的，這裏是屬於我的！」說着還把小袋子放在其中一個座位上，然後站到另一個座位上蹦蹦跳。

要愛惜借閱的圖書，並準時還書

　　小朋友從圖書館借書回家看，要輕輕地翻頁，不可把書籍亂丟，更不可破壞圖書，並記住要準時還書。圖書館內的藏書是供大家借閱的，我們一定要好好愛惜。

　　糖糖豆從圖書館裏借了一本心愛的圖書回家。她看完又看，續借後再看。數星期後，到了必須歸還圖書的日期。接下來，糖糖豆該怎樣做才是正確的呢？

選擇 A

　　糖糖豆把書藏起來，她以為這樣做就不用還書了。

選擇 B

　　糖糖豆雖然很喜歡那本圖書，但是她知道要讓別人也可以借閱，所以她準時歸還圖書。

愛護寵物

　　有的小朋友會飼養寵物，例如小貓、小狗。有時候小朋友可能因一時貪玩，或是怕麻煩，而忘記照顧寵物的責任。這樣是不對的！動物就像是我們的朋友，我們應該要好好對待和照顧自己的寵物。

　　有一天，脆脆豆來探望跳跳豆和糖糖豆。在他們玩耍的時候，跳跳豆和糖糖豆聽見小貓在叫，原來小貓的肚子餓了。接下來，跳跳豆和糖糖豆該怎樣做才是正確的呢？

選擇 A

　　跳跳豆和糖糖豆知道小貓一定是肚子餓，於是先餵飼小貓，然後才繼續玩耍。

選擇 B

　　跳跳豆和糖糖豆雖然聽見小貓在叫，可是他們不想停下來，於是遲一點才去給小貓準備食物。

小朋友，看完這本書，你可以看看自己選得對不對。 如果你選了7個 😀 ，你就是一個有同理心的好孩子了。

情境	選擇A	選擇B	小提示
見到別人跌倒時應上前扶起他	😀	☹	小朋友，當我們看見別人跌倒時，我們應該要扶他起來並慰問，不要取笑他，這會讓對方傷心，而且對方亦可能受傷了，需要協助。
不要發出太吵鬧的聲音	☹	😀	即使我們在自己的家中看電視、聽音樂，也不要發出太大的聲浪，因為會影響別人的生活。例如你的鄰居可能正在睡覺休息呢！
玩輸了遊戲不可以發脾氣	☹	😀	玩遊戲一定會有輸贏，我們不要把輸贏看得太重要，跟朋友一起享受快樂的時光吧！

情境	選擇A	選擇B	小提示
不要取笑別人	😄	🙁	每個小朋友都是獨一無二，各有所長。我們學習好好欣賞別人的優點，並接納別人跟自己的不同。互相鼓勵，一起成長。
不要霸佔或弄髒座位	😄	🙁	在圖書館等公共場所的設施是屬於大眾的，小朋友要愛惜物品，別隨意霸佔、弄污，學習好好替別人着想。
要愛惜借閱的圖書，並準時還書	🙁	😄	小朋友，嘗試從別人的角度思考，想一想，當你借了一本被弄污的圖書，或是等了很久也未能借到圖書，你的心情會怎樣？我們要懂得愛惜圖書，準時還書，讓有需要的人也能夠借閱，這是一種美德。
愛護寵物	😄	🙁	小動物也是有生命，有感情的。如果我們要飼養牠，就要好好對待牠，讓牠得到應有的保護和照顧。

　　「同理心」是指能站在他人立場設身處地的體會對方的感受。但是要讓小小孩理解什麼是「站在他人立場」並不容易。爸爸媽媽可以嘗試：

🫘 協助孩子學習觀察他人的表情和動作，並結合生活經驗，讓孩子理解別人的感受。例如：當孩子看見另一位小朋友哭泣時，爸爸媽媽可以說：「當你找不到爸爸媽媽時會害怕，當你最愛吃的冰淇淋掉到地上時，你會因傷心，所以哭泣。小朋友也會因為不開心和害怕而哭的啊！」讓孩子容易體會得到。也許下次爸爸媽媽會發現，當孩子看到其他小朋友在哭泣時，他會走過去拍拍對方，這種主動關心他人的行為就是同理心的展現。

🫘 以身作則：爸爸媽媽親身示範對孩子的同理心，例如：了解與肯定孩子的感覺，當孩子說害怕小狗，便要問他害怕的原因，而不是說：「只是小狗而已，怕什麼？」要讓孩子明白怎樣被同理對待，以及這種感覺有多好，他們才能明白要以什麼態度對待別人。

小朋友，你是一個有同理心的孩子嗎？看看下面各項，你是否都已經做得到？請你在適當的空格內加 ✓。

項目	我做得到	我有時做到	我未做到
主動幫助有需要的人			
見到別人跌倒時會上前扶起他			
不會發出太吵鬧的聲音			
看電視或聽音樂時音量要適中			
不會影響鄰居的安寧			
玩遊戲時不要插隊			
玩輸了遊戲不會發脾氣			
不會取笑別人的缺點			
不會霸佔座位			
會愛惜借閱的圖書，並準時還書			
不會把怒氣發洩在寵物身上			
不會隨便按別人家的門鈴			
不會從高處擲物			
不會亂按升降機按鈕			

小跳豆 故事系列 （共8輯）
Jumping Bean
讓 豆豆好友團 陪伴孩子快樂成長！

提升自理能力，學習控制和管理情緒！

幼兒自理故事系列（一套6冊）

- 《我會早睡早起》
- 《我會自己刷牙》
- 《我會自己上廁所》
- 《我會自己吃飯》
- 《我會自己收拾玩具》
- 《我會自己做功課》

幼兒情緒故事系列（一套6冊）

- 《我很生氣》
- 《我很害怕》
- 《我很難過》
- 《我很妒忌》
- 《我不放棄》
- 《我太興奮》

培養良好的品德，學習待人處事的正確禮儀！

幼兒德育故事系列（一套6冊）

- 《我不發脾氣》
- 《我不浪費》
- 《我不驕傲》
- 《我不爭吵》
- 《我會誠實》
- 《我會關心別人》

幼兒禮貌故事系列（一套6冊）

- 《在學校要有禮》
- 《吃飯時要有禮》
- 《客人來了要有禮》
- 《乘車時要有禮》
- 《在公園要有禮》
- 《在圖書館要有禮》

建立良好的心理素質，提高幼兒的安全意識！

幼兒**生活體驗**故事系列（一套 6 冊）

《上學的第一天》
《添了小妹妹》
《我愛交朋友》
《我不偏食》
《我去看醫生》
《我迷路了》

幼兒**生活安全**故事系列（一套 6 冊）

《我小心玩水》
《我不亂放玩具》
《我小心過馬路》
《我不亂進廚房》
《我不爬窗》
《我不玩自動門》

培養孩子良好的習慣和行為，成為守規矩和負責任的孩子！

幼兒**好習慣**情境故事系列（一套 6 冊）

《公德心》
《公眾場所》
《社交禮儀》
《清潔衛生》
《生活自理》
《與人相處》

幼兒**好行為**情境故事系列（一套 6 冊）

《我要做個好孩子》
《我要做個好學生》
《我要做個好公民》
《我要注意安全》
《我要有禮貌》
《我要有同理心》

小跳豆幼兒好行為情境故事系列
我要有同理心

編寫：新雅編輯室
繪圖：劉麗萍
責任編輯：趙慧雅
美術設計：劉麗萍
出版：新雅文化事業有限公司
香港英皇道499號北角工業大廈18樓
電話：(852) 2138 7998
傳真：(852) 2597 4003
網址：http://www.sunya.com.hk
電郵：marketing@sunya.com.hk
發行：香港聯合書刊物流有限公司
香港荃灣德士古道220-248號荃灣工業中心16樓
電話：(852) 2150 2100
傳真：(852) 2407 3062
電郵：info@suplogistics.com.hk
印刷：中華商務彩色印刷有限公司
香港新界大埔汀麗路36號
版次：二〇二二年七月初版
二〇二三年十二月第二次印刷

ISBN: 978-962-08-8021-6
© 2013, 2022 Sun Ya Publications (HK) Ltd.
18/F, North Point Industrial Building, 499 King's Road, Hong Kong
Published in Hong Kong SAR, China
Printed in China